Orändsch Workbook Band 1 be have Vollverben he-she-it-das-s-muss-mit
Englische Grammatik endlich leicht! Trotz LRS und Lernschwierigkeiten

Autorin: Miranda Jehle
Fachberatung: Petra Göpfrich
Lektorat: Patrizia Nietzschmann, Birgit Worsch
Graphiken/Fotos: Miranda Jehle

Bibliografische Information der Deutschen Nationalbibliothek: Die Deutsche Nationalbibliothek verzeichnet diese Publikation in der Deutschen Nationalbibliografie; detaillierte bibliografische Daten sind im Internet über dnb.dnb.de abrufbar.

Verlag LRS meetz Englisch, Deggenhausertal (Baden-Württemberg)
www.lrs-meetz-englisch.de

Druck: Libri Plureos GmbH, Friedensallee 273, 22763 Hamburg

Verlag LRS meetz Englisch 2024
ISBN 978-9823420-9-2
1. Auflage

Außerdem bei LRS meetz Englisch erschienen:

Orändsch Workbook Band 2	*Present Continous, do, Question Tags, Pronomen, Mehrzahl-s, s-Genitive, Of-Phrase*
Orändsch Workbook Band 3	*Irregular Verbs, Simple Past, Present Perfect, Signalwörter, Will- und Going-to-Future*
Orändsch Workbook Band 4	*Adjektive, Adverben, some und any, Gleichklingende Wörter*
Orändsch Workbook Band 5	*if-Sätze Typ 1, 2, 3, Passiv*

Orändsch Englische Grammatik endlich leicht, *Gesamtausgabe mit allen Übungen und noch mehr Infomaterial, 396 Seiten*

Sämtliche Ausgaben, Schullizenzen und Rezensionen sind unter www.lrs-meetz-englisch.de erhältlich.

Die Autorin

Miranda Jehle ist Lerntherapeutin mit dem Schwerpunkt Englischlernen bei Lese-Rechtschreib-Schwäche. Seit 2012 entwickelt sie strukturierte Trainingsmaterialien für die gezielte Förderung in der Sekundarstufe.

Ihre praxiserprobten Übungen veröffentlicht sie unter dem Namen ORÄNDSCH.

ORÄNDSCH Workbook Band 1

be | have | Vollverben | he-she-it-das-s-muss-mit

Inhaltsverzeichnis

Vorwort **1**

Häufige Fragen 1

Wichtige Trainingstipps - Kurzfassung **2**

Beachte von Anfang an die Großschreibung bei deinen Übungen 2

Neue Formen zuerst mündlich mit Karteikarten üben 2

Schreibroutine 2

Zum Training mit den Arbeitsblättern 2

Die Übungen mit dem kleinen Auto 3

Mehr Tricks und Tipps zum gehirnfreundlichen Vokabel lernen 3

1 Fürwörter (Pronomen, Pronouns) **4**

1.a) Persönliche Fürwörter im Deutschen 4

1.b) Persönliche Fürwörter im Englischen *(Personal Pronouns)* 5

1.c) Die „Zwillingsformen" bei den Fürwörtern 6

2 Das Hilfsverb *be* : am - are - is **10**

2.a) Namenwörter *(Nouns)* und *am - are - is* 15

2.b) Die Kurzformen von *be* : *'m - 're - 's* 16

2.c) Verneinung von *be* (Langform): *am not - are not - is not* 21

2.d) Verneinung von *be* in der Kurzform: *'m not - aren't - isn't* 21

2.e) Frageform von *be* : *Am I - Are you?* 29

2.f) Verneinte Frageform von *be* : *Isn't it - Aren't you?* 32

3 Die Vollverben und *he-she-it-das-s-muss-mit* **34**

4 *have (got)* – haben, besitzen **45**

4.a) *Have got* oder *Have* ? 45

4.b) Die Formen von *have got: have - has* 46

4.c) Die Frageform: *Have I - Have you?* 50

4.d) Die Kurzform von *have: 've - 's* 53

4.e) Die Verneinung in der Langform: *have not - has not* 57

4.f) Die Verneinung in der Kurzform: *haven't - hasn't* 59

4.g) Exkurs: Verneinung von *have* mit *don't/doesn't* 65

5 Gemischte Übungen mit *be, have* und *can* **66**

Lösungsteil **70**

Liebe Lernbegleiter,

ich freue mich, Ihnen das ORÄNDSCH-Workbook Band 1 vorzustellen.

Dieses Workbook wurde in der lerntherapeutischen Praxis entwickelt, um Schülern mit massiven Verständnisproblemen den Einstieg in die erste Fremdsprache zu erleichtern. Ziel ist es, fehlende Grundlagen systematisch nachzuholen und wieder Anschluss an den Unterricht zu finden.

Sobald sich die Schüler eine sichere Basis in Grammatik und Grundwortschatz erarbeitet haben, kehrt die Motivation zurück. Die zuvor unüberwindbar wirkende Stoffmenge wird beherrschbar, Fortschritte werden sichtbar – und Erfolg wird messbar.

Ich wünsche Ihnen, dass Sie das ORÄNDSCH-Konzept als hilfreiche Ergänzung Ihrer Lehrmaterialien erleben – ohne zusätzlichen Aufwand, aber mit spürbarer Entlastung im Lernalltag.

Ohne Lernfrust. Dafür mit Freude am Englischen.

Miranda Jehle

Autorin und Herausgeberin

Häufige Fragen

Wann ist der ideale Zeitpunkt für ORÄNDSCH?

Band 1 kann jederzeit ab Klasse 5 eingesetzt werden – unterrichtsbegleitend oder zum gezielten Nachholen von Lerninhalten.

Welche besonderen Herausforderungen haben Schüler mit LRS?

Schüler mit LRS benötigen deutlich mehr Wiederholungen, bis neue Wörter sicher gespeichert sind. Kurze, regelmäßige Übungssequenzen, lautes Mitsprechen und multisensorische Lernmethoden sind entscheidend.

Gerade zu Beginn empfiehlt es sich, einzelne Übungsblätter drei- bis fünfmal zu wiederholen. Kurze Wiederholungen sind der Schlüssel.

Sobald die erste Unsicherheit überwunden ist, arbeiten die Schüler zunehmend schneller und sicherer.

Ist ORÄNDSCH nur für LRS-Schüler geeignet?

Nein. Das Konzept unterstützt alle Schüler mit Lernschwierigkeiten. Die reduzierte Gestaltung, klare Struktur und das einfache Vokabular erleichtern die Konzentration auf das Wesentliche.

Ist es wichtig, mit Kapitel 1 zu beginnen?

Ja. Bitte beginnen Sie immer mit Kapitel 1, um Wissenslücken zu vermeiden. Die Basisformen müssen sicher beherrscht werden.

Nehmen Sie sich an schwierigen Stellen bewusst Zeit. Wiederholungen stärken die Sicherheit – und Sicherheit motiviert.

Warum ist ORÄNDSCH besonders geeignet?

Das Trainingskonzept basiert auf erprobten Verfahren des Legasthenie- und LRS-Trainings:

- Keine Ähnlichkeitshemmung
- Reduzierte, klare Erläuterungen
- Mündliches Training vor schriftlichem Training
- Systematischer, kleinschrittiger Übungsaufbau
- Zwei- und Drei-Wort-Sätze
- Einfaches, kontrolliertes Vokabular
- Schlichte, ablenkungsfreie Gestaltung
- LRS-freundliche Druckschrift (mind. 14 pt, Sueddruck)
- Möglichkeit zur selbstständigen Kontrolle mithilfe der Lösungen

Wichtige Trainingstipps - Kurzfassung

Beachte von Anfang an die Großschreibung bei deinen Übungen

Jm Englischen ist die Großschreibung etwas einfacher als im Deutschen.

Eigentlich sollten wir von der englischen *Kleinschreibung* sprechen.

Denn die wichtigste Regel für den Englisch-Anfangsunterricht lautet:

Alle Wörter werden **klein** geschrieben**, außer**
➢ ich = ***J*** ➢ dem Satzanfang: ***He** is nice.* ➢ **Namen**, vor allem von Personen und Ländern: ***L**ynn, **G**ermany*

Abb. 1 Die englische Großschreibung als Spickzettel

Neue Formen zuerst mündlich mit Karteikarten üben

- Beispiel: ***night***

1. Wort genau anschauen. Das englische Wort lesen **als sei es deutsch**: *nig-h-t.*
   Anmerkung: Diese Methode garantiert die richtigen Buchstaben in der richtigen Reihenfolge.
   Die korrekte englische Aussprache leidet **nicht** unter dieser Methode.
2. Das Wort in englischer Aussprache sprechen: [nait]
3. Die Bedeutung laut sprechen: *Nacht*

Schreibroutine

- Für die Schreibroutine empfiehlt sich ein Vokabelheft in Din A5, 2-spaltig (siehe Abb. 2).
- Schreibe einfach über die Doppelseite hinweg, sodass du für eine Vokabel vier Spalten nutzt.

Gehe nach folgendem Schema vor:

1. Englisches Wort anschauen, englisch aussprechen, dann wie deutsch lesen >> *nig-h-t*
2. Die Karte umdrehen. Einmal aus dem Gedächtnis schreiben.
3. Kontrollieren.
4. Noch dreimal aus dem Gedächtnis schreiben.

Zum Training mit den Arbeitsblättern

- Die Grammatik-Begriffe werden der Vollständigkeit halber erwähnt. Zum Verständnis der Formen reicht es, diese Begriffe zu besprechen. Für Klassenarbeiten ist es hilfreich, die Begriffe zu kennen.
- Erst, wenn die Formen **aus dem Gedächtnis** abrufbar sind, mit den **Arbeitsblättern** üben.
- Jede Übung drei- bis fünfmal wiederholen mit Kopien. Bei jeder Wiederholung klappt es besser!
- Bitte am Anfang einen **Spickzettel** zur Kontrolle für der neuen Formen verwenden.

Die Übungen mit dem kleinen Auto

- Die *Auto-Übungen* sollten alle paar Wochen als Kopie wiederholt werden. Das bringt Sicherheit und Tempo!
- Wenn eine *Auto-Übung* Unsicherheiten zeigt, können diese Formen noch einmal wiederholt werden.
- *Auto-Übungen* können als kleiner Test verwendet werden.

Abb. 2: Ein 2-spaltiges Vokabelheft 4-spaltig nutzen

Mehr Tricks und Tipps zum gehirnfreundlichen Vokabel lernen

>> https://www.lrs-meetz-englisch.de/blog

1 Fürwörter (Pronomen, *Pronouns*)

1.a) Persönliche Fürwörter im Deutschen

Die Pronomen *(Pronouns)* heißen im Deutschen Fürwörter

(*pro* = für und *nomen* = Wort, Name).

Fürwörter können ein anderes Wort oder einen Namen ersetzen.

Sie stehen **für** ein anderes Nomen *(noun)* oder **für** einen anderen Namen.

Übung 1.1 Lies Tabelle 1 und wiederhole kurz die Begriffe, die du bestimmt bereits aus dem Deutsch-Unterricht kennst.

Deutsche Fürwörter		
Einzahl *(singular)*	1. Person = ich	
	2. Person = du	
	3. Person = er, sie, es	
Mehrzahl *(plural)*	1. Person = wir	
	2. Person = ihr	
	3. Person = sie	

Tab. 1

1.b) Persönliche Fürwörter im Englischen *(Personal Pronouns)*

Einzahl *(singular)*	1. Person	ich	*I*
	2. Person	du	*you*
	3. Person	er	*he*
		sie	*she*
		es	*it*
Mehrzahl *(plural)*	1. Person	wir	*we*
	2. Person	ihr	*you*
	3. Person	sie (alle)*	*they*

Tab. 2

Übung 1.2 Schau genau!

1. Eines der Fürwörter wird immer groß geschrieben.

   Kreise ein mit rot und notiere es: ______.

2. Welches englische Fürwort kommt zweimal vor?

   Kreise ein in grün und notiere: ______.

3. Welches deutsche Fürwort kommt zweimal vor?

   Kreise ein blau und notiere: ______.

Mündliche Übung

Beschrifte zunächst Karteikarten mit den einzelnen Formen aus der Tab. 2.

Trainiere mit den Karteikarten mündlich.

---

*Zur eindeutigen Kennzeichnung, welches „sie" im Übungsteil gemeint ist, wurde ein *(alle)* ergänzt.
Beispiel: sie (alle) sind – *they are.*
Das (alle) wird nicht mit übersetzt.

1.c) Die „Zwillingsformen“ bei den Fürwörtern

Der deutsche Zwilling *sie*

Lies die Beispiele laut vor.

Deutsch	*Englisch*	Übersetzung
Sie (= ein Mädchen) spielt.	***She** plays.*	sie (Mädchen) = *she*
Sie (= Nick und Tom) spielen.	***They** play.*	sie (alle, beide) = *they*

Tab. 3

Übung 1.3 Welches der beiden deutschen *sie* ist gemeint?

Finde das richtige Fürwort.

	she oder *they*?
1. a girl	
2. Lucy	
3. John and Ben	
4. Mrs Miller	
5. all	
6. Mrs Penny	
7. both beide	
8. Julia, Ron and Sam	
9. Mrs Baker	
10. Toni and the dog	
11. five dogs fünf Hunde	
12. Hanna	

Der englische Zwilling *you*

Das englische *you* kommt ebenfalls zweimal vor.

Englisch	Deutsch	Übersetzung
***You** are at home*	**Du** bist zu Hause.	***you*** **= du**
***You** both like football.*	**Jhr** beide mögt Fuβball.	***you*** **= ihr**

Tab. 4

Übung 1.4 Setze das richtige Fürwort in die Lückensätze ein.

Jhr – Du – *You* – *You*

<table>
<tr><td></td><td>Deutsch: _____ bist der Sieger.
Englisch: _____ are the winner.</td></tr>
<tr><td></td><td>Deutsch: _____ seid groβartig!
Englisch: _____ are great!</td></tr>
</table>

Übung 1.5 Übersetze.

Am Anfang kannst du den Spickzettel aus Tab. 2 verwenden, um ganz sicher zu sein.

1. sie	
2. wir	
3. er	
4. ich	
5. es	
6. ich	
7. ihr	
8. sie (alle)	
9. wir	
10. du	
11. sie	
12. sie (alle)	
13. er	
14. ihr	
15. du	
16. sie (alle)	
17. wir	
18. sie	
19. er	
20. es	

Übung 1.6 Finde die passenden Fürwörter für die Namen und Namenwörter.

Setze ein *he, she, it, we, they*.

Anna	*she*
1. Max	
2. Mr Baker	
3. the policeman	*Polizist*
4. Grandma	
5. Harry	
6. Harry and Jane	
7. football	*Fußball*
8. game	*Spiel*
9. both	*beide*
10. father	*Vater*
11. desk	*Schreibtisch*
12. milk	*Milch*
13. Mrs Walker	
14. Robert and J	
15. apple	*Apfel*
16. Tom	
17. glass	*Glas*
18. desk	*Schreibtisch*
19. sister	*Schwester*

2 Das Hilfsverb *be*: *am - are - is*

Das Wort *be* ist die Grundform eines häufigen englischen Verbs (Tunwort).

So wie im Deutschen sind die *Formen von be* **unregelmäßig**.

Übung 2.1 Welche englischen Formen von *be* sind gleich?

Markiere in Tab. 5 mit einem Stift die **englischen Formen**, die **gleich** sind.

Lies sie laut vor.

Grundformen			
sein		***be***	
ich	bin	*J*	*am*
du	bist	*you*	*are*
er	ist	*he*	*is*
sie	ist	*she*	*is*
es	ist	*it*	*is*
wir	sind	*we*	*are*
ihr	seid	*you*	*are*
sie	sind	*they*	*are*

Tab. 5

Mündliche Übung

Wenn du die Fürwörter *J, you* ... bereits sicher trainiert hast, wirst du die Formen von *am/are/is* bald können.

Beschrifte Karteikarten mit den Formen aus Tab. 5 (*J am, you are ...*).

Auf die Rückseite schreibst du die deutsche Übersetzung.

Übung 2.2 Übersetze.

Beachte beim *you*: ☺ steht für eine Person, ☺☺ für mehrere Personen.

Übersetze dementsprechend ins Deutsche.

1. you are ☺	du bist
2. J am	
3. he is	
4. she is	
5. it is	
6. we are	
7. you are ☺☺	
8. it is	
9. you are ☺	
10. we are	
11. they are	
12. J am	
13. he is	
14. they are	
15. it is	
16. you are ☺☺	
17. she is	
18. J am	
19. he is	
20. you are ☺☺	

Übung 2.3 Übersetze. Benutze einen Spickzettel nach Bedarf.

1. ich bin	
2. du bist	
3. er ist	
4. sie ist	
5. es ist	
6. wir sind	
7. ihr seid	
8. sie sind	

Übung 2.4 Übersetze. Benutze einen Spickzettel nach Bedarf.

1. du bist	
2. es ist	
3. ihr seid	
4. ich bin	
5. sie sind	
6. sie ist	
7. wir sind	
8. er ist	
9. du bist	
10. sie sind	
11. sie ist	
12. er ist	

Übung 2.5 Übersetze.

sie sind	*they are*
1. ihr seid	
2. ich bin	
3. er ist	
4. sie ist	
5. sie sind	
6. du bist	
7. ihr seid	
8. es ist	
9. du bist	
10. wir sind	
11. sie sind	
12. ich bin	
13. er ist	
14. sie sind	
15. es ist	
16. ihr seid	
17. sie ist	
18. du bist	
19. ich bin	
20. er ist	

Übung 2.6 Übersetze.

sie ist	*she is*
1. wir sind	
2. ich bin	
3. ihr seid	
4. es ist	
5. sie sind	
6. er ist	
7. sie ist	
8. wir sind	
9. ich bin	
10. sie sind	
11. er ist	
12. du bist	
13. es ist	
14. ihr seid	
15. ich bin	
16. sie ist	
17. wir sind	
18. er ist	
19. du bist	
20. sie sind	

2.a) Namenwörter *(Nouns)* und *am - are - is*

Jetzt kannst du die Formen von *be* zusammen mit Namenwörtern trainieren.

Anstelle von *he/she/it* stehen nun **Namen** oder **Gegenstände**.

Übung 2.7 Setze die richtige Form von *be* ein: *am - are - is*

he	*is*	Finn and Laura	*are*
1. J		17. Lisa	
2. you		18. Tom	
3. Emma		19. Mr Miller	
4. Luke		20. Mrs Miller	
5. the apple		21. Lisa and Tom	
6. we		22. the desk	
7. Mrs Smith		23. you ☺	
8. they		24. they	
9. Robert		25. mum	
10. the pen		26. dad	
11. Ann		27. the policeman	
12. the car		28. Nick and Ben	
13. grandma		29. J	
14. you ☺☺		30. sister	
15. a sofa		31. house	
16. both		32. Mr and Mrs Potter	

both - beide
sister - Schwester
desk - Schreibtisch

Beachte beim you : ☺ steht für eine Person, ☺☺ für mehrere Personen.

2.b) Die Kurzformen von *be*: *'m - 're - 's*

Beginne erst mit den Kurzformen, wenn du die Langformen verinnerlicht hast!

Bei den Kurzformen werden **ein oder mehrere Buchstaben gestrichen**, um das Wort abzukürzen.

Das Abkürzen erleichtert den Redefluss.

Stattdessen wird ein Häkchen ' gesetzt (Apostroph).

Übung 2.8 Markiere farbig, welcher Buchstabe wegfällt. Lies laut.

So geht es !		→	So geht's !	[Aussprache]
J	am	→	*J'm*	[eim]
you	are	→	*you're*	[jur]
he		→	*he's*	[hies]
she	is	→	*she's*	[schies]
it		→	*it's*	[its]
we		→	*we're*	[uier][1]
you	are	→	*you're*	[jur]
they		→	*they're*	[ther]

Tab. 6

* Das englische w, bei dem die Lippen wie bei einem u geöffnet werden [uier]

Mündliche Übung

Beschrifte Karteikarten mit den Formen aus der Tab. 6 (*J'm, you're ...*).

Trainiere mündlich.

1

Dein Spickzettel

So geht ~~e~~s !	→	So geht's !
I am	→	*I'm*
you are	→	*you're*
he is	→	*he's*
she is	→	*she's*
it is	→	*it's*
we are	→	*we're*
you are	→	*you're*
they are	→	*they're*

Tab. 7

Übung 2.9 Bilde die Kurzform mit dem Spickzettel aus Tab. 7.

1. I am	→	
2. you are	→	
3. he is	→	
4. she is	→	
5. it is	→	
6. we are	→	
7. you are	→	
8. they are	→	

Übung 2.10 Bilde die Kurzform aus dem Gedächtnis. Kontrolliere.

1. J am	→
2. you are	→
3. he is	→
4. she is	→
5. it is	→
6. we are	→
7. you are	→
8. they are	→

Übung 2.11 Übersetze in die Kurzform. Decke die Übung oben ab.

Du darfst jederzeit kontrollieren.

1. du bist	→
2. er ist	→
3. wir sind	→
4. ich bin	→
5. sie sind	→
6. sie ist	→
7. ihr seid	→
8. es ist	→

Übung 2.12 Bilde die Kurzform.

Decke den Spickzettel ab, wenn du ihn nicht brauchst.

Jn den letzten vier Zeilen schreibe die Langform deiner Wahl.

J am	*J'm*
1. you are	
2. he is	
3. she is	
4. it is	
5. we are	
6. you are	
7. they are	
8. she is	
9. it is	
10. J am	
11. they are	
12. we are	
13. you are	
14. he is	
15. J am	
16. she is	
17.	
18.	
19.	
20.	

J'm
you're
she's
he's
it's

Übung 2.13 Übersetze in die Kurzform.

es ist	*it's*
1. du bist	
2. sie ist	
3. wir sind	
4. ich bin	
5. ihr seid	
6. ich bin	
7. sie sind	
8. er ist	
9. es ist	
10. wir sind	
11. ich bin	
12. sie sind	
13. er ist	
14. du bist	
15. es ist	
16. ihr seid	
17. ich bin	
18. sie ist	
19. sie sind	
20. ich bin	

2.c) Verneinung von *be* (Langform): *am not - are not - is not*

Das Hilfsverb *be* wird mit *not* verneint.

Übung 2.14 Übersetze. Benutze die Langform.

1. ich bin nicht	*J am not*
2. du bist nicht	
3. er ist nicht	
4. sie ist nicht	
5. es ist nicht	
6. wir sind nicht	
7. ihr seid nicht	
8. sie sind nicht	

2.d) Verneinung von *be* in der Kurzform: *'m not - aren't - isn't*

Übung 2.15 Schau genau. Welcher Buchstabe fällt weg? Markiere farbig. Welche Wörter werden zusammengezogen? Ziehe einen Bogen darunter.

So geht es !	→	So geht's !	[Aussprache]
J am not	→	*J'm not*	
you are not	→	*you aren't*	[ju arent]
he is not	→	*he isn't*	[he isnt]
she is not	→	*she isn't*	
it is not	→	*it isn't*	[itisnt]
we are not	→	*we aren't*	
you are not	→	*you aren't*	
they are not	→	*they aren't*	

Tab. 8

Mündliche Übung

Beschrifte Karteikarten mit den **Langformen** aus Tab. 8 (*J am not...*).

Trainiere mündlich.

Wenn du ganz sicher bist, nimm die **Kurzformen** aus Tab. 8 (*J'm not...*) auf Karteikarten dazu.

Trainiere mündlich bis die Formen sicher im Kopf sind.

Sprich dabei laut und deutlich.

Übung 2.16 Bilde die **Kurzform** mit dem Spickzettel von Tab. 8.

1. J am not	
2. you are not	
3. he is not	
4. she is not	
5. it is not	
6. we are not	
7. you are not	
8. they are not	
9. J am not	
10. it is not	
11. we are not	
12. you are not	
13. they are not	
14. he is not	
15. you are not	
16. she is not	

Übung 2.17 Bilde die Kurzform aus dem Gedächtnis.

1. J am not	→
2. you are not	→
3. he is not	→
4. she is not	→
5. it is not	→
6. we are not	→
7. you are not	→
8. they are not	→

Übung 2.18 Übersetze in die Kurzform. Decke die Übung oben ab.

Du darfst jederzeit kontrollieren.

1. du bist nicht	→
2. er ist nicht	→
3. wir sind nicht	→
4. ich bin nicht	→
5. sie sind nicht	→
6. sie ist nicht	→
7. ihr seid nicht	→
8. es ist nicht	→

Übung 2.19 Bilde die Kurzform. 

J	*'m not*
1. J am not	
2. you are not	
3. he is not	
4. she is not	
5. it is not	
6. we are not	
7. you are not	
8. they are not	
9. you are not	
10. he is not	
11. we are not	
12. J am not	
13. they are not	
14. you are not	
15. she is not	
16. you are not	
17. it is not	
18. J am not	
19. Tim is not	
20. Tom and Lisa are not	

'm not
aren't
isn't

Übung 2.20 Finde die passende Kurzform.

J	*'m not*
1. they	
2. she	
3. J	
4. you	
5. Tom	
6. the lady	
7. the chair	
8. we	
9. you	
10. the Taylors	
11. grandma	
12. the snowman	
13. J	
14. a football	
15. my brother	
16. they	
17. The President	
18. Mrs Smith	
19. you	
20. Mum and Dad	

'm not
aren't
isn't

Übung 2.21 Übersetze in die Kurzform. Achte auf die Störer ohne Verneinung.

wir sind nicht	*we aren't*
1. es ist nicht	
2. du bist nicht	
3. sie ist nicht	
4. wir sind nicht	
5. ich bin nicht	
6. ihr seid nicht	
7. ich bin nicht	
8. sie sind	
9. er ist nicht	
10. sie ist nicht	
11. wir sind nicht	
12. ich bin	
13. sie sind nicht	
14. er ist nicht	
15. du bist	
16. es ist nicht	
17. ihr seid nicht	
18. ich bin nicht	
19. sie ist nicht	
20. sie sind nicht	

Übung 2.22 Bilde Sätze aus den Satzbausteinen.

He She Jt	is 's	a	nice	boy.	*nett, Junge*
			hungry	girl.	*hungrig, Mädchen*
			thirsty	man.	*durstig, Mann*
	is not isn't		small	dog.	*klein, Hund*
			big	house.	*groß, Haus*
			good	child.	*gut (hier: brav), Kind*
He	*'s*	*a*	*nice*	*boy.*	
1.					
2.					
3.					
4.					
5.					

Übung 2.23 Bilde Kurzantworten aus den Satzbausteinen.

Yes,	J	am.
	you they we	are.
	he she it	is.
Yes,	*J am.*	
1.		
2.		
3.		
4.		

No,	J	am not 'm not.
	you they we	are not. aren't.
	he she it	is not. isn't.
No,	*J'm not*	

Übung 2.24 Bilde Sätze aus den Satzbausteinen.

He	is	nice.	*nett*
She	's	hungry.	*hungrig*
The house		thirsty.	*durstig*
The dog	is not	small.	*klein*
The child *Kind*	isn't	big.	*groß*
The child	*is not*	*hungry.*	
1.			
2.			
3.			
4.			

Übung 2.25 Bilde Sätze aus den Satzbausteinen.

You We They	are 're	a team.	
		a family.	
		the Millers.	*die Millers*
		brother and sister.	*Bruder und Schwester*
	are not aren't	at home.	*zu Hause*
		at school.	*in der Schule*
		in the car.	
You	*are*	*a team.*	
1.			
2.			
3.			
4.			

2.e) Frageform von *be*: *Am J - Are you?*

Bin ich ... ?	*Am J ... ?*
Bist du ... ?	*Are you ... ?*
Jst er ... ?	*Js he ... ?*
Jst sie ... ?	*Js she ... ?*
Jst es ... ?	*Js it ... ?*
Sind wir ... ?	*Are we ... ?*
Seid ihr ... ?	*Are you ... ?*
Sind sie ... ?	*Are they ... ?*

Tab. 9

Mündliche Übung

Beschrifte Karteikarten mit den Formen aus Tab. 9.

Trainiere mündlich.

Sprich dabei laut und deutlich.

Übung 2.26 Übersetze.

1. Bin ich ... ?	
2. Bist du ... ?	
3. Jst er ... ?	
4. Jst sie ... ?	
5. Jst es ... ?	
6. Sind wir ... ?	
7. Seid ihr ... ?	
8. Sind sie ... ?	

Übung 2.27 Übersetze.

Bin ich ...?	*Am J ...?*
1. Bist du ...?	
2. Jst es ...?	
3. Sind wir ...?	
4. Jst er ...?	
5. Bist du ...?	
6. Seid ihr ...?	
7. Jst sie ...?	
8. Bin ich ...?	
9. Sind sie ...?	
10. Jst er ...?	
11. Sind wir ...?	
12. Sind sie ...?	
13. Jst es ...?	
14. Seid ihr ...?	
15. Jst sie ...?	
16. Bin ich ...?	
17. Sind sie ...?	
18. Bist du ...?	
19. Jst Tobi ...?	
20. Sind die Zwillinge ...?	*twins*

Übung 2.28 Übersetze.

Bin ich zu spät ?	*Am J too late ?*	*too late*
1. Bist du zu Hause ?		*at home*
2. Jst es kalt ?		*cold*
3. Sind wir zu spät ?		
4. Jst er nett ?		*nice*
5. Bist du in der Schule ?		*at school*
6. Seid ihr in der Schule ?		
7. Jst sie krank ?		*sick*
8. Bin ich groß ?		*tall*
9. Sind sie zu Hause ?		*at home*
10. Jst er groß ?		
11. Sind wir fertig ?		*ready*
12. Sind sie im Garten ?		*in the garden*
13. Jst es heiß ?		*hot*
14. Jst es kalt ?		*cold*
15. Jst sie zu Hause ?		
16. Seid ihr fertig ?		
17. Bist du krank ?		
18. Jst er in der Küche ?		*in the kitchen*
19. Sind sie bei der Arbeit ?		*at work*
20. Jst sie zu spät ?		

2.f) Verneinte Frageform von *be*: *Jsn't it - Aren't you?*

Übung 2.29 Schau genau.

Welche Wörter werden zusammengezogen und welcher Buchstabe fällt weg?

Markiere farbig und ziehe einen Bogen von Wort zu Wort.

Langform				**Kurzform**		
Am	*J*	*not*	*... ?*	*Am J not*		*... ?*
Are	*you*	*not*	*... ?*	*Aren't*	*you*	*... ?*
	he	*not*	*... ?*		*he*	*... ?*
Js	*she*	*not*	*... ?*	*Jsn't*	*she*	*... ?*
	it	*not*	*... ?*		*it*	*... ?*
	we	*not*	*... ?*		*we*	*... ?*
Are	*you*	*not*	*... ?*	*Aren't*	*you*	*... ?*
	they	*not*	*... ?*		*they*	*... ?*

Tab. 10

Mündliche Übung

Beschrifte Karteikarten mit den Langformen aus Tab. 10 (*Am J, Are you ...*).

Trainiere mündlich, bis die Formen sicher im Kopf sind

Wenn du ganz sicher bist, nimm die Kurzformen aus Tab. 10 auf Karteikarten dazu. Trainiere mündlich.

Sprich dabei laut und deutlich.

Übung 2.30 Übersetze in die Kurzform.

Aufgepasst: Es sind drei Formen ohne Verneinung versteckt!

Bin ich nicht ...?	*Am J not...? Keine Kurzform möglich*
Are you not ...?	*Aren't you ... ?*
1. Bist du nicht ...?	
2. Jst es nicht ...?	
3. Sind wir nicht ...?	
4. Jst er nicht ...?	
5. Bist du nicht ...?	
6. Seid ihr nicht ...?	
7. Jst sie nicht ...?	
8. Bin ich nicht ...?	
9. Sind sie ...?	
10. Jst er nicht ...?	
11. Sind wir nicht ...?	
12. Sind sie nicht ...?	
13. Jst es nicht schön ?	*nice*
14. Seid ihr nicht da ?	*there*
15. Jst sie ?	*at school*
16. Bist du nicht ...?	
17. Bin ich nicht in dem Team ?	*in the team*
18. Sind sie nicht in dem Team ?	
19. Jst es zu spät ?	*too late*
20. Jst es nicht genug?	*enough*

3 Die Vollverben und *he-she-it-das-s-muss-mit*

Bei Vollverben *(open, help, play, run ...)* in der Gegenwart *(Simple Present)* gilt die Regel:

He-she-it, das -s muss mit!

J sit in the car.	Jch sitze im Auto.
***He sits** in the car.* ***She sits** in the car.* ***Jt sits** in the car.*	Er sitzt im Auto. Sie sitzt im Auto. Es sitzt im Auto.

Tab. 11

Dieser Spruch ist zwar gut zu merken, aber es **fehlt** etwas Wichtiges.

Wir müssen nämlich noch die **Namenwörter (Nomen)** dazu nehmen:

Bei allen _Namenwörtern_ und _he-she-it,_ das -s muss mit!

J sit in the car.	Jch sitze im Auto.
***Tom/He sits** in the car.* ***Mrs Baker/She sits** in the car.* ***The child/Jt sits** in the car.*	**Tom/Er** sitzt im Auto. **Mrs Baker/Sie** sitzt im Auto. **Das Kind/Es** sitzt im Auto.

Tab. 12

Jn drei Schritten lernst du ***he-she-it-das-s-muss-mit!***

Schritt 1 - Wiederhole die Zuordnung

Wiederhole, welches Fürwort zu welchem Namenwort passt.

Übung 3.1 Finde für *he, she, it und them* das jeweils passende Namenwort.

Verbinde.

she	Mrs Umbridge	
1. he	Hermine	
2. she	Ron	
3. it	Harry and Ron	
4. she	Hedwig	
5. they	Harry	
6. he	dragon	*Drache*
7. it	Fred and Georg	
8. he	Hagrid	
9. they	Luna	
10. he	castle	*Schloss*
11. it	magician	*Magier*
12. she	cauldron	*Kessel*
13. it	broom	*Besen*
14. it	witch	*Hexe*
15. it	wand	*Zauberstab*

Schritt 2 - Wie du das -s korrekt an das Verb (Tunwort) anhängst

Es gibt vier Gruppen.

Übung 3.2 **Einfach-dranhängen-Gruppe**

Bilde die Form mit einem einfachen *-s*.

talk	talks	*sprechen*
wake[2]	wakes	*wecken*
1. help		*helfen*
2. look		*schauen*
3. clean		*putzen*
4. stop		*stoppen*
5. swim		*schwimmen*
6. skate*		*skaten*
7. make*		*machen*
8. live*		*leben*
9. care*		*sorgen*
10. take*		*nehmen*
11. write*		*schreiben*
12. flip		*umdrehen*
13. run		*rennen*

*

2 Das *Stumme e* am Wortende bleibt!
Das *Stumme e* am Wortende wird nicht mitgesprochen, aber es zeigt an, dass der Vokal davor gedehnt gesprochen wird:
bat >>> *base, them* >>> *theme, kit* >>> *kite, cup* >>> *cute, not* >>> *note*
Buch-Tipp: https://www.scolix.de/pp8005-fit-in-englisch-trotz-lrs-vokale.html

Übung 3.3 **Die Zisch-Gruppe**

Tunwörter (Verben), die auf einen **Zisch-Laut enden** ***(-ss, -sh, -ch, -x, -z),***

bekommen ***-es*** angehängt.

Damit erhält das Wort eine **zusätzliche Silbe**.

Achte auf die „Störer“: Vier Formen aus der Gruppe Einfach-Dranhängen.

wash	*washes*	*waschen*
1. finish		*beenden*
2. flash		*blitzen*
3. watch		*anschauen*
4. crash		*krachen, verunglücken*
5. guess		*raten*
6. get		*bekommen*
7. fix		*reparieren*
8. mix		*mischen*
9. flex		*biegen*
10. flip		*umdrehen*
11. chase		*verfolgen*
12. fetch		*abholen*
13. dash		*sausen*
14. bless		*segnen*
15. swim		*schwimmen*
16. guess		*raten*
17. hiss		*zischen*
18. touch		*berühren*
19. help		*helfen*

Übung 3.4 **Die y-Gruppe**

Tunwörter (Verben), die auf ***-y*** enden. Bilde die Form mit ***-ies***.

copy	*copies*	Sprich mit
1. study		[stadis] *studieren*
2. copy		[copis] *kopieren*
3. fly		[fleis] *fliegen*
4. dry		[dreis] *trocknen*
5. cry		[creis] *weinen*

Übung 3.5 **Die ay-Gruppe**

Die Endung ***-ay*** ist ein Zwielaut (Diphtong) und bekommt ein **einfaches *-s***.

play	*plays* *spielen*
1. say	*sagen*
2. stay	*bleiben*
3. lay	*legen*

Übung 3.6 **Zwei häufige Sonderfälle – *go* und *do*.**

Schreibe jede Sonderform viermal hintereinander.

do [du]	*does* [das] *machen*
go [gəʊ]	*goes* [gəʊs] *gehen*

does →				
goes →				

Schritt 3 - Alle Gruppen gemischt

Übung 3.7 Setze die Verben in Klammern in die richtige Form.

Mit oder ohne *-s*?

he (talk)	*he talks*
1. he (sing)	*er singt*
2. J (walk)	*ich spaziere*
3. she (pay)	*sie bezahlt*
4. we (win)	*wir gewinnen*
5. they (fall)	*sie fallen*
6. he (write)	*er schreibt*
7. they (go)	*sie gehen*
8. she (change)	*sie wechselt*
9. it (happen)	*es passiert*
10. J (visit)	*ich besuche*
11. it (begin)	*es beginnt*
12. he (fill)	*er füllt*
13. you (sit)	*du sitzt*
14. they (ask)	*sie fragen*
15. she (do)	*sie tun*
16. he (visit)	*er besucht*
17. it (play)	*es spielt*
18. J (guess)	*ich rate*
19. it (hiss)	*es zischte*
20. he (watch)	*er schaut*

Übung 3.8 Setze die Verben in Klammern in die richtige Form.

Mit oder ohne *-s* ?

my uncle (sing)	*my uncle sings*	*mein Onkel singt*
1. J (walk)		*ich spaziere*
2. Mrs Miller (pay)		*Mrs Miller bezahlt*
3. we (win)		*wir gewinnen*
4. Steven and Kate (fall)		*Steven und Kate fallen*
5. Tom (write)		*Tom schreibt*
6. William (go)		*Wiliiam geht*
7. Ann (change)		*Ann wechselt*
8. the accident (happen)		*der Unfall passiert*
9. J (visit)		*ich besuche*
10. the movie (begin)		*der Film beginnt*
11. Mum (fill in)		*Mama füllt ein*
12. you (sit)		*du sitzt*
13. John and Lulu (ask)		*John and Lulu fragen*
14. Baby Lisa (do)		*Baby Lisa tut*
15. the car (crash)		*das Auto kracht/verunglückt*
16. we (call)		*wir rufen an*
17. Mr Hobbs (flush)		*Mr Hobbs spülte*
18. she (cry)		*sie weint*
19. it (play)		*es spielt*
20. Roger and Jim (mix)		*Roger und im mischen*

Übung 3.9 Übersetze. Mit oder ohne *-s* ?

1. er gewinnt		*win*
2. sie gewinnt		
3. wir gewinnen		
4. Jim gewinnt		
5. er liest		*read*
6. sie liest		
7. ihr lest		
8. das Kind liest		
9. er macht		*make*
10. du machst		
11. Jim macht		
12. wir machen		
13. sie bringt		*bring*
14. wir bringen		
15. es bringt		
16. Tom bringt		

Übung 3.10 Übersetze. Mit oder ohne *-s*? 

1. wir lesen		*read*
2. er liest		
3. Jim und Lisa lesen		
4. sie lesen		
5. sie nimmt		*take*
6. Lukas nimmt		
7. wir nehmen		
8. er nimmt		
9. der Junge hilft		*help*
10. Tom und Ron helfen		
11. er hilft		
12. es hilft		
13. ich fülle ein		*fill*
14. sie füllt ein		
15. Mama füllt ein		
16. wir füllen ein		

Übung 3.11 Übersetze. Mit oder ohne *-s* ? 

1. Tom findet		*find*
2. sie findet		
3. du findest		
4. Mr Baker findet		
5. er öffnet		*open*
6. wir öffnen		
7. es öffnet		
8. Lisa öffnet		
9. du gehst		*go*
10. er geht		
11. Susi geht		
12. wir gehen		
13. er sieht		*look*
14. Susi sieht		
15. Mr Brown sieht		
16. du siehst		

Übung 3.12 Übersetze. Mit oder ohne *-s*?

Beachte hier besonders die Rechtschreibung.

1. wir mischen		*mix, mixes*
2. er mischt		
3. Jim und Lisa mischen		
4. sie mischen		
5. sie spielt		*play, plays*
6. Lukas spielt		
7. wir spielen		
8. er spielt		
9. der Junge tut		*do, does*
10. Tom und Ron tun		
11. er tut		
12. es tut		
13. ich weine		*cry, cries*
14. sie weint		
15. Mama weint		
16. sie weinen		

4 *have (got)* – haben, besitzen

4.a) *Have got* oder *Have* ?

Have got im Sinne von *besitzen* wird als Vollverb verwendet.

Das *got* ist nicht zwingend notwendig, aber es wird in den Lehrbüchern in aller Regel mitverwendet. Beide Übersetzungen sind möglich:

Jch	habe/besitze	einen Hund.
J	*have got*	*a dog.*
J	*have*	*a dog.*

Tab. 13

Jn den Tabellen 14 und 15 findest du weitere Beispiele für *have got und have.*

***Have* als Vollverb (Bedeutungsträger)**			
Jch *J*	habe *have got*	eine Dusche in meinem Badezimmer. *a shower in my bathroom.*	*have (got)* = besitzen
Jch *J*	dusche *have a shower*	jeden Morgen. *every morning.*	*have a shower* = duschen (!)
Er *He*	hat *has*	eine Erkältung. *a cold.*	*have* = haben

Tab. 14

***Have* als Hilfsverb (als Zeitenbestimmer) – Ausblick für Klasse 6**			
Have baut zusammen mit der *3. Form* eine neue Zeitform, das *Present Perfect.* Jm Deutschen ist diese Kombination ähnlich.			
Jch	habe	ferngesehen.	Perfekt
J	*have*	*watched TV.*	*Present Perfect*

Tab. 15

4.b) Die Formen von *have got: have - has*

Jch habe	*J* *have got*
du hast	*you*
er hat	*he* *has got*
sie	*she*
es	*it*
wir haben	*we* *have got*
ihr habt	*you*
sie haben	*they*

Tab. 16: Benutze diese Tabelle am Anfang als Spickzettel.

Mündliche Übung

Beschrifte Karteikarten mit den Langformen aus Tab. 16.

Trainiere mündlich.

Sprich dabei laut und deutlich.

Übung 4.1 *have got* oder *has got*?

J	*have got*
1. he	
2. we	
3. they	
4. it	
5. you	
6. she	
7. he	
8. you	
9. it	
10. we	
11. J	
12. they	
13. Ronald	
14. the dog	
15. Mum and Dad	
16. Grandma	
17. both	*beide*
18. Timmy and Susi	
19. she	
20. you	

Übung 4.2 *have got* oder *has got*? *Mit Mehrzahl –s

	have/has		*have/has*
1. Dad		17. J	
2. Lillian		18. Carl and J	
3. a dog		19. Annie	
4. we		20. the policeman	
5. you		21. they	
6. the students*		22. Tom and Jerry	
7. Tina		23. the sheriff	
8. the tree		24. the traffic jam	
9. the cups*		25. you	
10. we		26. we both	
11. you		27. Donald Duck	
12. Bob's father		28. the garden	
13. J		29. he	
14. Mrs Granger		30. a box	
15. Luis and Ron		31. the airplanes*	
16. the school		32. mum	

cup – Tasse

school – Schule

traffic jam – Stau

both – beide

garden – Garten

box – Kiste

airplane - Flugzeug

Übung 4.3 Übersetze in die Langform.

ich habe	*J have got*
1. er hat	
2. wir haben	
3. sie haben	
4. es hat	
5. du hast	
6. sie hat	
7. er hat	
8. ihr habt	
9. es hat	
10. wir haben	
11. sie haben	
12. ich habe	
13. es hat	
14. er hat	
15. du hast	
16. sie hat	
17. sie haben	
18. wir haben	
19. es hat	
20. ich habe	

4.c) Die Frageform: *Have J - Have you?*

Habe ich ...?	*Have J got ...?*
Hast du ...?	*Have you got ...?*
Hat er ...?	*Has he got ...?*
Hat sie ...?	*Has she got ...?*
Hat es ...?	*Has it got ...?*
Haben wir ...?	*Have we got ...?*
Habt ihr ...?	*Have you got ...?*
Haben sie ...?	*Have they got ...?*

Tab. 17

Mündliche Übung

Beschrifte zunächst Karteikarten mit der Formen aus der Tab. 17.

Trainiere mündlich.

Wenn du die Aussageform von *have got* bereits verinnerlicht hast, wirst du die Frageform bald können.

Übung 4.4 *Have* oder *Has* ?

Have	J got...? *Habe ich... ? Besitze ich... ?*
1.	you got... ?
2.	he got... ?
3.	she got... ?
4.	it got... ?
5.	we got... ?
6.	you got... ?
7.	they got... ?
8.	he got... ?
9.	you got... ?
10.	the cat got... ?
11.	the zoo got... ?
12.	Sally and Gina got... ?
13.	the man got... ?
14.	Mrs Kelly got... ?
15.	Toni and Jim got... ?
16.	it got... ?
17.	we got... ?
18.	she got... ?
19.	you got... ?
20.	my sister got... ?

Übung 4.5 Übersetze.

Hast du ?	*Have you got ?*
1. Haben wir ?	
2. Hat Ben ?	
3. Hat sie ?	
4. Haben sie ?	
5. Hat er ?	
6. Hast du ?	
7. Hat sie ?	
8. Haben sie ?	
9. Hat der Lehrer ?	*teacher*
10. Hat das Haus ?	*house*
11. Hast du ?	
12. Hat es ?	
13. Habe ich ?	
14. Hat Cliff ?	
15. Habt ihr ?	
16. Hat Mama ?	
17. Haben sie ?	
18. Haben wir ?	
19. Hat Dad ?	
20. Hat das Auto ?	*car*

4.d) Die Kurzform von *have: 've - 's*

Bei der Kurzform von *have/has* wird ***ha-*** durch ein **Häkchen**[3] ersetzt.

Das Abkürzen erleichtert den Redefluss.

Zum Trainieren der Kurzform wird das *got* zur Vereinfachung weggelassen.

Übung 4.6 Markiere bei ***have/has*** die Buchstaben, die abgekürzt werden.

J	have	→	***J've***	[aif]	Achtung, Verwechselungsgefahr!
you		→	***you've***	[juf]	
he	has	→	***he's***	[hies]	***he is*** = ***he's !***
she		→	***she's***	[schies]	***she is*** = ***she's !***
it		→	***it's***	[its]	***it is*** = ***it's !***
we	have	→	***we've***	[uief] [4]	
you		→	***you've***	[juhf]	
they		→	***they've***	[theif]	

Tab. 18

Mündliche Übung

Beschrifte Karteikarten mit den Langformen aus Tab. 18.

Trainiere mündlich.

Sprich dabei laut und deutlich.

3 Häkchen = Apostroph *(apostrophe)*.
4 das englische w, bei dem die Lippen wie bei einem u geöffnet werden [uief]

Übung 4.7 Entscheide: *have* oder *has*. Bilde dann die Kurzform.

	have / has	've / 's
J	*have*	*J've*
1. you		
2. he		
3. she		
4. it		
5. we		
6. you		
7. they		
8. she		
9. it		
10. J		
11. they		
12. we		
13. you		
14. he		
15. she		
16. it		
17. we		
18. he		

Übung 4.8 Bilde die Kurzform.

J have	*J've*
1. you have	
2. he has	
3. she has	
4. it has	
5. we have	
6. you have	
7. they have	
8. you have	
9. he has	
10. we have	
11. J have	
12. they have	
13. she has	
14. you have	
15. it has	
16. he has	
17. we have	
18. they have	

Übung 4.9 Übersetze in die Kurzform.

du hast	*you've*
1. sie hat	
2. wir haben	
3. ich habe	
4. ihr habt	
5. ich habe	
6. sie haben	
7. er hat	
8. sie hat	
9. wir haben	
10. ihr habt	
11. sie haben	
12. er hat	
13. du hast	
14. es hat	
15. habt	
16. ich habe	
17. sie hat	
18. sie haben	

4.e) Die Verneinung in der Langform: *have not - has not*

Übung 4.10 Lies die englischen Formen Zeile für Zeile laut vor.

Jch	habe		*J*	*have*	
du	hast		*you*	*have*	
er	hat		*he*	*has*	
sie			*she*		
es		**nicht**	*it*		***not***
wir	haben		*we*	*have*	
ihr	habt		*you*		
sie	haben		*they*		

Tab. 19

Die verneinte Langform kommt in der Praxis selten vor, daher wird hier auf ein mündliches Training verzichtet.

Übung 4.11 *have not* oder *has not*?

Das *got* zur Vereinfachung weglassen.

J	*have not*
1. he	
2. we	
3. they	
4. it	
5. you	
6. she	
7. he	
8. you	
9. it	
10. we	
11. they	
12. J	
13. it	
14. he	
15. you	
16. she	
17. they	
18. we	

4.f) Die Verneinung in der Kurzform: *haven't - hasn't*

Übung 4.12 Schau genau, wie *have not/has not* abgekürzt wird.

Markiere, welcher Buchstabe wegfällt.

Verbinde die beiden Wörter, die zusammengezogen werden, mit einem Bogen.

I	have not	→	*I*	***haven't***
you			*you*	
he			*he*	
she	has not	→	*she*	***hasn't***
it			*it*	
we			*we*	
you	have not	→	*you*	***haven't***
they			*they*	

Tab. 20

Mündliche Übung

Beschrifte Karteikarten mit den Langformen aus Tab. 20. Trainiere mündlich.

Übung 4.13 Bilde die Kurzform. Kontrolliere mit dem Spickzettel aus Tab. 20.

I have not	→	
you have not	→	
he has not	→	
she has not	→	
it has not	→	
we have not	→	
you have not	→	
they have not	→	

Übung 4.14 Verneinung von *have* : Finde die passende Kurzform.

he	*hasn't*
1. J	
2. you	
3. he	
4. she	
5. it	
6. we	
7. you	
8. they	
9. she	
10. it	
11. J	
12. they	
13. we	
14. you	
15. he	
16. J	
17. she	
18. they	
19. it	
20. you	

haven't got

hasn't got

Übung 4.15 Übersetze in die Kurzform.

Das *got* zur Vereinfachung weglassen.

er hat nicht	*he hasn't*
1. du hast nicht	
2. er hat nicht	
3. wir haben nicht	
4. ich habe nicht	
5. sie haben nicht	
6. sie hat nicht	
7. ihr habt nicht	
8. es hat nicht	
9. wir haben nicht	
10. du hast nicht	
11. sie haben nicht	
12. er hat nicht	
13. sie hat nicht	
14. ihr habt nicht	
15. es hat nicht	
16. ich habe nicht	
17. Tom hat nicht	
18. Tim and Tina haben nicht	
19. the policeman	
20. Mrs Miller	

Übung 4.16 Aussage und Verneinung gemischt: Übersetze in die Kurzform.

1. du hast nicht	
2. sie hat nicht	
3. wir haben nicht	
4. ich habe	
5. ihr habt nicht	
6. ich habe nicht	
7. sie haben nicht	
8. er hat nicht	
9. sie hat nicht	
10. wir haben	
11. ich habe nicht	
12. sie haben nicht	
13. er hat nicht	
14. du hast	
15. es hat nicht	
16. ihr habt nicht	
17. ich habe nicht	
18. sie hat nicht	
19. Lara hat nicht	
20. Lara und Conni haben nicht	

Übung 4.17 Bilde Sätze mit den Satzbausteinen.

<table>
<tr><td>I
You
We
Tom and Lisa
They</td><td>have
haven't</td><td rowspan="2">got</td><td rowspan="2">a book. Buch
a pen. Stift
dog. Hund
pet. Haustier
a window. Fenster
a door. Tür</td></tr>
<tr><td>John
He
Mary
She
The room
It</td><td>has
hasn't</td></tr>
<tr><td>I</td><td>have</td><td>got</td><td>a book.</td></tr>
<tr><td>1.</td><td></td><td></td><td></td></tr>
<tr><td>2.</td><td></td><td></td><td></td></tr>
<tr><td>3.</td><td></td><td></td><td></td></tr>
<tr><td>4.</td><td></td><td></td><td></td></tr>
<tr><td>5.</td><td></td><td></td><td></td></tr>
<tr><td>6.</td><td></td><td></td><td></td></tr>
<tr><td>7.</td><td></td><td></td><td></td></tr>
<tr><td>8.</td><td></td><td></td><td></td></tr>
<tr><td>9.</td><td></td><td></td><td></td></tr>
<tr><td>10.</td><td></td><td></td><td></td></tr>
</table>

Übung 4.18 Bilde Fragesätze mit den Satzbausteinen.

<table>
<tr><td>Have</td><td>you
Mr and Mrs Miller
these</td><td rowspan="2">got</td><td rowspan="2">a room ? Raum
a house ? Haus
a dog ? Hund
a garden ? Garten
a window ? Fenster
a door ? Tür</td></tr>
<tr><td>Has</td><td>John
he
Mary
she
the room
it</td></tr>
<tr><td>Have</td><td>you</td><td>got</td><td>a book?</td></tr>
<tr><td>1.</td><td></td><td></td><td></td></tr>
<tr><td>2.</td><td></td><td></td><td></td></tr>
<tr><td>3.</td><td></td><td></td><td></td></tr>
<tr><td>4.</td><td></td><td></td><td></td></tr>
</table>

Übung 4.19 Bilde Kurzantworten.

<table>
<tr><td rowspan="2">Yes,</td><td>I
we
they</td><td>have.</td></tr>
<tr><td>he
she
it</td><td>has.</td></tr>
<tr><td>Yes,</td><td>I</td><td>have.</td></tr>
<tr><td></td><td></td><td></td></tr>
<tr><td></td><td></td><td></td></tr>
<tr><td></td><td></td><td></td></tr>
</table>

<table>
<tr><td rowspan="2">No,</td><td>I
we
they</td><td>haven't.</td></tr>
<tr><td>he
she
it</td><td>hasn't.</td></tr>
<tr><td>No,</td><td>it</td><td>hasn't.</td></tr>
<tr><td></td><td></td><td></td></tr>
<tr><td></td><td></td><td></td></tr>
<tr><td></td><td></td><td></td></tr>
</table>

4.g) Exkurs: Verneinung von *have* mit *don't/doesn't*[5]

Frage: Kann ***have*** auch mit ***don't/doesn't*** verneint werden?

Ja, aber nur im **Amerikanischen Englisch** ist das üblich.

Britisches Englisch

Genau genommen ist *got* die 3. Form von *get (get got got, bekommen).*

Have got ist das *Present Perfect* von *get.*

J have got a car.	Jch habe bekommen (Also: Jch besitze) ein Auto.

Deshalb ist das ***have* vor *got* ein Hilfsverb** und wird daher mit ***not*** verneint.

	J	*haven't got*	*a car*
Wörtlich	Jch	habe nicht	ein Auto.
	Jch	habe kein	Auto.

Tab. 21 Beispiel

Jm amerikanischen Englisch wird *have* häufig *ohne got* verwendet,

was grammatikalisch genauso richtig ist.

Have wird dann wie alle Vollverben *(open, help, run ...)* mit *don't/doesn't* verneint.

	J	*don't have*	*a car*
Wörtlich	Jch	tue nicht haben	ein Auto.
	Jch	habe kein	Auto.

Tab. 22 Beispiel

5 Die Erläuterung zu *don't have/doesn't have* dient lediglich der Vollständigkeit und kann nach Bedarf ausgelassen werden.

5 Gemischte Übungen mit *be, have* und *can*

Übung 5.1 Übersetze in die Kurzform.

Falls du dir unsicher bist, schreibe die Langform.

1. du bist	
2. er ist	
3. ich bin nicht	
4. sie ist nicht	
5. wir sind nicht	
6. du hast	
7. er hat	
8. es hat nicht	
9. es kann	
10. sie hat	
11. ihr könnt nicht	
12. ihr seid	
13. sie können	
14. wir haben	
15. wir sind nicht	
16. es ist	
17. sie ist	
18. sie sind	
19. wir haben nicht	
20. er hat	

Spickzettel:

am / are / is (not)

have / has (not)

can / cannot

Übung 5.2 Übersetze in die Kurzform.

Falls du dir unsicher bist, schreibe die Langform.

1. du bist	
2. er ist	
3. ich bin nicht	
4. sie ist nicht	
5. wir sind nicht	
6. du hast	
7. er hat	
8. es hat nicht	
9. es kann	
10. sie hat	
11. ihr könnt nicht	
12. sie ist	
13. ihr seid	
14. sie können	
15. wir haben	
16. wir sind nicht	
17. es hat	
18. es ist	
19. sie sind	
20. wir haben nicht	

Übung 5.3 Übersetze in die Kurzform.

Falls du dir unsicher bist, schreibe die Langform.

1. du hast	
2. er kann	
3. sie ist nicht	
4. wir haben	
5. wir können nicht	
6. es hat nicht	
7. sie sind nicht	
8. er kann nicht	
9. du hast nicht	
10. sie hat nicht	
11. ihr seid	
12. sie haben nicht	
13. sie kann	
14. er hat nicht	
15. wir können	
16. er ist nicht	
17. sie können nicht	
18. ich bin nicht	
19. es hat	
20. es ist nicht	

Übung 5.4 Bilde Sätze mit den Satzbausteinen.

J You He/She/Jt We They	can	sing a song. *ein Lied singen* swim. *schwimmen* drive a car. *Auto fahren* ride a horse. *ein Pferd reiten* drive you home. *dich nach Hause fahren*
1.		
2.		
3.		

J You He/She/Jt We They	cannot can't	drive a car. *Auto fahren* ride. *reiten* sing. *singen* run 20 miles. *20 Meilen rennen* swim. *schwimmen*
1.		
2.		
3.		

Übung 5.5 Bilde Frage- und Antwortsätze mit den Satzbausteinen.

Can	J you he/she/it we they	drive a car ? ride a horse ? sing a song ?
1.		
2.		
3.		

Yes, No,	J you he/she/it we they	can. cannot. can't.

Lösungsteil

Lösungen zu Kapitel 1

Lösung zu Übung 1.2

1. **J** wird immer groß geschrieben
2. **you** in der "zweiten Person Einzahl" **und** in der "zweiten Person Mehrzahl"
3. **sie** in der "dritten Person Einzahl weiblich" **und** in der "dritten Person Mehrzahl"

Lösung zu Übung 1.3

1. she 2. she 3. they 4. she 5. they 6. she 7. they 8. they 9. she 10. they 11. they 12. she

Lösung zu Übung 1.4

1. Du bist der Sieger! 2. You are the winner! 3. Jhr seid großartig! 4. You are great!

Lösung zu Übung 1.5

1. she 2. we 3. he 4. J 5. it 6. J 7. you 8. they 9. we 10. you
11. she 12. they 13. he 14. you 15. you 16. they 17. we 18. she 19. he 20. it

Lösung für Übung 1.6

1. he 2. he 3. he 4. she 5. he 6. they 7. it 8. it
9. they 10. he 11. it 12. it 13. she 14. we 15. it 16. he
17. it 18. it 19. she

Lösungen zu Kapitel 2

Lösung für Übung 2.2

1. du bist, ihr seid 2. ich bin 3. er ist 4. sie ist 5. es ist 6. wir sind 7. du bist, ihr seid
8. es ist 9. du bist, ihr seid 10. wir sind 11. sie sind 12. ich bin 13. er ist
14. sie sind 15. es ist 16. ihr seid 17. sie ist 18. ich bin 19. er ist 20. ihr seid

Lösung für Übung 2.3

1. J am 2. you are 3. he is 4. she is 5. it is 6. we are 7. you are 8. they are

Lösung für Übung 2.4

1. you are 2. it is 3. you are 4. J am 5. they are 6. she is
7. we are 8. he is 9. you are 10. they are 11. she is 12. he is

Lösung zu Übung 2.5

1. you are 2. J am 3. he is 4. she is 5. it is 6. you are 7. you are 8. it is 9. you are 10. we are
11. they are 12. J am 13. he is 14. they are 15. it is 16. you are 17. she is 18. you are 19. J am 20. he is

Lösung zu Übung 2.6

1. we are 2. J am 3. you are 4. it is 5. they are 6. he is 7. she is 8. we are
9. J am 10. they are 11. he is 12. you are 13. it is 14. you are 15. J am 16. she is
17. we are 18. he is 19. you are 20. they are

Lösung von Übung 2.7

1. am 2. are 3. she 4. is 5. is 6. are 7. she 8. are 9. is 10. is 11. she 12. is
13. she 14. are 15. is 16. are 17. is 18. is 19. is 20. is 21. are 22. is 23. are 24. are
25. is 26. is 27. is 28. are 29. am 30. is 31. is 32. are

Lösung von Übung 2.8

am are is are

Lösung für Übung 2.9 und 2.10

1. J'm 2. you're 3. he's 4. she's 5. it's 6. we're 7. you're 8. they're

Lösung für Übung 2.11

1. you're 2. he's 3. we're 4. J'm 5. they're 6. she's 7. you're 8. it's

Lösung zu Übung 2.12

1. you're 2. he's 3. she's 4. it's 5. we're 6. you're 7. they're 8. she's
9. it's 10. J'm 11. they're 12. we're 13. you're 14. he's 15. J'm 16. she's

Lösung zu Übung 2.13

1. you're 2. she's 3. we're 4. J'm 5. you're 6. J'm 7. they're 8. he's 9. it's 10. we're
11. J'm 12. they're 13. he's 14. you're 15. it's 16. you're 17. J'm 18. she's 19. they're 20. J'm

Lösung zu Übung 2.14

1. J am not 2. you are not 3. he is not 4. she is not 5. it is not 6. we are not 7. you are not 8. they are not

Lösung zu Übung 2.15

1. J am not 2. you are not 3. he is not 4. she is not 5. it is not 6. we are not 7. you are not 8. they are not

Lösung zu Übung 2.16

1. I'm not 2. you aren't 3. he isn't 4. she isn't 5. it isn't 6. we aren't 7. you aren't 8. they aren't
9. I'm not 10. it isn't 11. we aren't 12. you aren't 13. they aren't 14. he isn't 15. you aren't 16. she isn't

Lösung zu Übung 2.17

1. I'm not 2. you aren't 3. he isn't 4. she isn't 5. it isn't 6. we aren't 7. you aren't 8. they aren't

Lösung zu Übung 2.18

1. you aren't 2. he isn't 3. we aren't 4. I'm not 5. they aren't 6. she isn't 7. you aren't 8. it isn't

Lösung zu Übung 2.19

1. I'm not 2. you aren't 3. he isn't 4. she isn't 5. it isn't 6. we aren't 7. you aren't 8. they aren't
9. you aren't 10. he isn't 11. we aren't 12. I'm not 13. they aren't 14. you aren't 15. she isn't 16. you aren't
17. it isn't 18. I'm not 19. Tim isn't 20. Tom and Lisa aren't

Lösung zu Übung 2.20

1. aren't 2. isn't 3. 'm not 4. aren't 5. isn't 6. isn't 7. isn't 8. aren't 9. aren't 10. aren't
11. isn't 12. isn't 13. 'm not 14. isn't 15. isn't 16. aren't 17. isn't 18. isn't 19. aren't 20. aren't

Lösung zu Übung 2.21

1. it isn't 2. you aren't 3. she isn't 4. we aren't 5. I'm not 6. you aren't 7. I'm not 8. they are
9. he isn't 10. she isn't 11. we aren't 12. I am 13. they aren't 14. he isn't 15. you are 16. it isn't
17. you aren't 18. I'm not 19. she isn't 20. they aren't

Lösung zu Übung 2.22

1. He	's	a	nice	boy.
2. She	is	a	small	girl.
3. It	isn't	a	big	house.

Lösung zu Übung 2.24

1. The child	is not	hungry.
2. She	's	thirsty.
3. The dog	is	small.

Lösung zu Übung 2.23

1. Yes,	I	am.	No,	I	'm not
2. Yes,	she	is	No,	he	isn't
3. Yes,	we	are	No,	you	aren't

Lösung zu Übung 2.25

1. You	are	a team.
2. We	are	the Millers.
3. They	aren't	in the car.

Lösung zu Übung 2.26

1. Am I 2. Are you 3. Is he 4. Is she 5. Is it 6. Are we 7. Are you 8. Are they

Lösung zu Übung 2.27

1. Are you	2. Js it	3. Are we	4. Js he	5. Are you	6. Are you	7. Js she	8. Am J
9. Are they	10. Js he	11. Are we	12. Are they	13. Js it	14. Are you	15. Js she	16. Am J
17. Are they	18. Are you	19. Js Tobi	20. Are the twins				

Lösung zu Übung 2.28

1. Are you at home ?	2. Js it cold ?	3. Are we late ?	4. Js he nice ?
5. Are you at school ?	6. Are you at school ?	7. Js she ill ?	8. Am J tall ?
9. Are they at home ?	10. Js he tall?	11. Are we ready ?	12. Are they in the garden ?
13. Js it hot ?	14. Js it cold ?	15. Js she at home ?	16. Are you ready ?
17. Are you ill ?	18. Js he in the kitchen ?	19. Are they at work ?	20. Js she late ?

Lösung zu Übung 2.29

1. Am J not: —
2. Js he/she/it not >> **Js** und **not** wird verbunden und aus **not** entfällt das **o**: Jsn't he/she/it
3. Are you/we/they not >> **Are** und **not** wird verbunden und aus **not** entfällt das **o**: Aren't you/we/they

Lösung zu Übung 2.30

1. Aren't you?	2. Jsn't it?	3. Aren't we?	4. Jsn't he?	5. Aren't you?
6. Aren't you?	7. Jsn't she?	8. Am J not?	9. Are they?	10. Jsn't he?
11. Aren't we?	12. Aren't they?	13. Jsn't it nice?	14. Aren't you there?	15. Js she?
16. Aren't you?	17. Am J not?	18. Aren't you in the team?	19. Js it too late?	20. Jsn't it enough?

Lösungen zu Kapitel 3

Lösung zu Übung 3.1

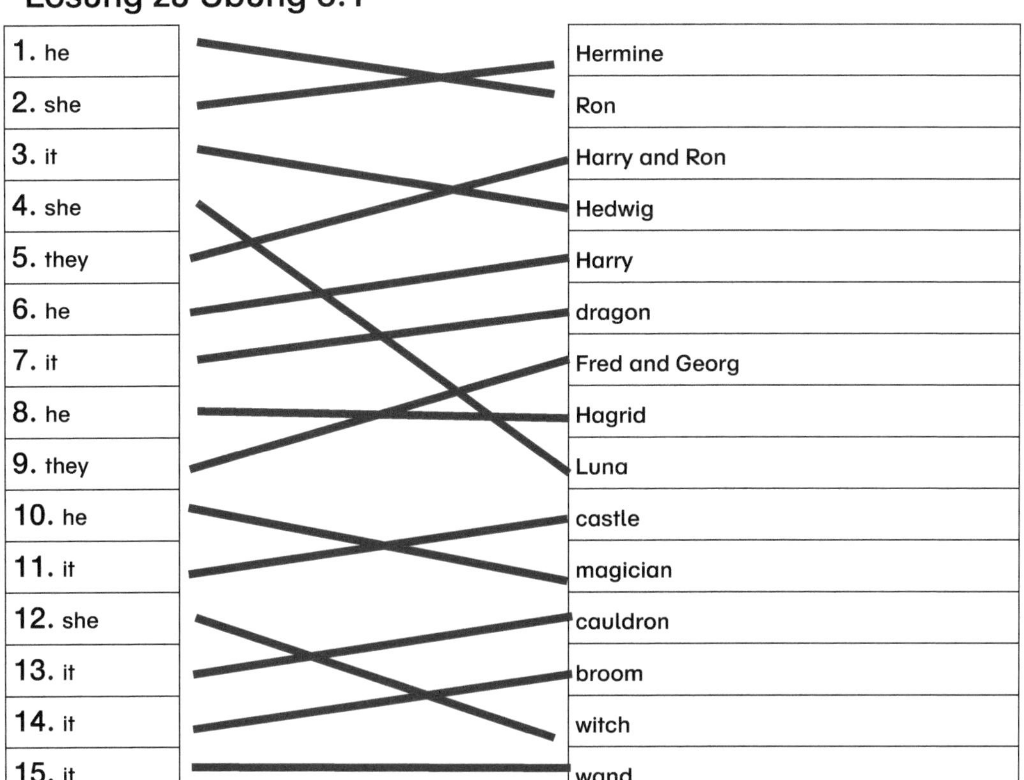

Lösung zu Übung 3.2

1. helps 2. looks 3. cleans 4. stops 5. swims 6. skates 7. makes 8. lives
9. cares 10. takes 11. writes 12. flips 13. runs

Lösung zu Übung 3.3

1. finishes 2. flashes 3. watches 4. pinches 5. guesses 6. messes 7. fixes
8. mixes 9. flexes 10. touches 11. fuzzes 12. fetches 13. dashes 14. blesses
15. swims 16. guesses 17. hisses 18. touches 19. helps

Lösung zu Übung 3.4

1. studies 2. copies 3. flies 4. dries 5. cries

Lösung zu Übung 3.5

1. says 2. stays 3. lays

Lösung zu Übung 3.7

1. he sings 2. J walk 3. she pays 4. we win 5. they fall
6. he writes 7. they go 8. she changes 9. it happens 10. J visit
11. it begins 12. he fills 13. you sit 14. they ask 15. she does
16. he visits 17. it plays 18. J guess 19. it hisses 20. he watches

Lösung zu Übung 3.8

1. my uncle sings 2. J walk 3. Mrs Miller pays 4. we win 5. Steven and Kate fall
6. Tom writes 7. William goes 8. Ann changes 9. the accident happens 10. J visit
11. the movie begins 12. Mum fills in 13. you sit 14. John and Lulu ask 15. Baby Lisa does
16. we call 17. Mr Hobbs flushes 18. she cries 19. it plays 20. Roger and Jim mix

Lösung zu Übung 3.9

1. he wins 2. she wins 3. we win 4. Jim wins
5. he reads 6. she reads 7. you read 8. the child reads
9. he makes 10. you make 11. Jim makes 12. we make
13. she brings 14. we bring 15. it brings 16. Tom brings

Lösung zu Übung 3.10

1. we read 2. he reads 3. Jim and Lisa read 4. they read
5. she takes 6. Lukas takes 7. we take 8. he takes
9. the boy helps 10. Tom and Ron help 11. he helps 12. it helps
13. J fill in 14. she fills in 15. Mum fills in 16. we fill in

Lösung zu Übung 3.11

1. Tom finds
2. she finds
3. you find
4. Mr Baker finds
5. he opens
6. we open
7. it opens
8. Lisa opens
9. you go
10. he goes
11. Susi goes
12. we go
13. he looks
14. Susi looks
15. Mr Brown looks
16. you look

Lösung zu Übung 3.12

1. we mix
2. he mixes
3. Jim and Lisa mixes
4. they mix
5. she plays
6. Lukas plays
7. we play
8. he plays
9. the boy does
10. Tom and Ron do
11. he does
12. it does
13. J cry
14. she cries
15. Willi cries
16. they cry

Lösungen zu Kapitel 4

Lösung zu Übung 4.1

1. has got
2. have got
3. have got
4. has got
5. have got
6. has got
7. has got
8. have got
9. has got
10. have got
11. have got
12. have got
13. has got
14. has got
15. have got
16. has got
17. have got
18. have got
19. has got
20. have got

Lösung zu Übung 4.2

1. has got
2. has got
3. has got
4. have got
5. have got
6. have got
7. has got
8. has got
9. have got
10. have got
11. have got
12. has got
13. have got
14. has got
15. have got
16. has got
17. have got
18. have got
19. has got
20. has got
21. have got
22. have got
23. has got
24. has got
25. have got
26. have got
27. has got
28. has got
29. has got
30. has got
31. have got
32. has got

Lösung zu Übung 4.3

1. he has got
2. we have got
3. they have got
4. it has got
5. you have got
6. she has got
7. he has got
8. you have got
9. it has got
10. we have got
11. they have got
12. J have got
13. it has got
14. he has got
15. you have got
16. she has got
17. they have got
18. we have got
19. it has got
20. J have got

Lösung zu Übung 4.4

1. Have
2. Has
3. Has
4. Has
5. Have
6. Have
7. Have
8. Has
9. Have
10. Has
11. Has
12. Have
13. Has
14. Has
15. Have
16. Has
17. Have
18. Has
19. Have
20. Has

Lösung zu Übung 4.5

1. Have we got ... ? 2. Has Ben got ... ? 3. Has she got ... ? 4. Have they got ... ?
5. Has he got ... ? 6. Have you got ... ? 7. Has she got ... ? 8. Have they got ... ?
9. Has the teacher got ... ? 10. Has the house got ... ? 11. Have you got ... ? 12. Has it got ... ?
13. Have J got ... ? 14. Has Cliff got ... ? 15. Have you got ... ? 16. Has Mum got ... ?
17. Have they ... ? 18. Have we ... ? 19. Has Dad ... ? 20. Has the car ... ?

Lösung zu Übung 4.6

~~ha~~ve ~~ha~~s ~~ha~~ve

Lösung zu Übung 4.7

1. have,you've 2. has, he's 3. has, she's 4. has, it's 5. have, we've 6. have, you've 7. have, they've
8. has, she's 9. has, it's 10. have, J've 11. have,they've 12. have, we've 13. have, you've 14. has, he's
15. has, she's 16. has, it's 17. have, we've 18. has, he's

Lösung zu Übung 4.8

1. you've 2. he's 3. she's 4. it's 5. we've 6. you've 7. they've 8. you've 9. he's
10. we've 11. J've 12. they've 13. she's 14. you've 15. it's 16. he's 17. we've 18. they've

Lösung zu Übung 4.9

1. she's 2. we've 3. J've 4. you've 5. J've 6. they've 7. he's 8. she's 9. we've
10. you've 11. they've 12. he's 13. you've 14. it's 15. you've 16. J've 17. she's 18. they've

Lösung zu Übung 4.11

1. he has not got 2. we have not got 3. they have not got 4. it has not got 5. you have not got 6. she has not got
7. he has not got 8. you have not got 9. it has not got 10. we have not got 11. they have not got 12. J have not got
13. it has not got 14. he has not got 15. you have not got 16. she has not got 17. they have not got 18. we have not got

Lösung zu Übung 4.12

haven~~o~~'t

Lösung zu Übung 4.13

1. J haven't 2. you haven't 3. he hasn't 4. she hasn't 5. it hasn't 6. we haven't 7. you haven't 8. they haven't

Lösung zu Übung 4.14

1. J haven't 2. you haven't 3. he hasn't 4. she hasn't 5. it hasn't 6. we haven't 7. you haven't
8. they haven't 9. she hasn't 10. it hasn't 11. J haven't 12. they haven't 13. we haven't 14. you haven't
15. he hasn't 16. J haven't 17. she hasn't 18. they haven't 19. it hasn't 20. you haven't

Lösung zu Übung 4.15

1. you haven't 2. he hasn't 3. we haven't 4. J haven't
5. they haven't 6. she hasn't 7. you haven't 8. it hasn't
9. we haven't 10. you haven't 11. they haven't 12. he hasn't
13. she hasn't 14. you haven't 15. it hasn't 16. J haven't
17. Tom hasn't 18. Tim und Tina haven't 19. the policeman hasn't 20. Mrs Miller hasn't

Lösung zu Übung 4.16

1. you haven't 2. she hasn't 3. we haven't 4. J have 5. you haven't 6. J haven't 7. they haven't
8. he hasn't 9. she hasn't 10. we have 11. J haven't 12. they haven't 13. he hasn't 14. you have
15. it hasn't 16. you haven't 17. J haven't 18. she hasn't 19. Lara hasn't 20. Lara and Conni haven't

Lösungsbeispiele zu Übung 4.17

1. J	have	got	a book.
2. John	has	got	a pet.
3. The room	hasn't	got	a window.

Lösungsbeispiele zu Übung 4.18

1. Have	you	got	a book?
2. Has	John	got	a dog?
3. Has	Mary	got	a garden?
4. Haven't	they	got	a house?

Lösungsbeispiele zu Übung 4.19

Yes,	J	have.	No,	J	haven't
Yes,	he	has.	Yes,	she	hasn't.

Lösungen zu Kapitel 5

Lösung zu Übung 5.1

1. you are 2. he is 3. J am not 4. she is not 5. we are not 6. you have 7. he has 8. it has not

9. it can 10. she has 11. you cannot 12. you are 13. they can 14. we have 15. we are not 16. it is

17. she is 18. they are 19. we have not 20. he has

Lösung zu Übung 5.2

1. you are 2. he is 3. J am not 4. she is not 5. we are not 6. you have 7. he has 8. it has not

9. it can 10. she has 11. you can not 12. she is 13. you are 14. they can 15. we have 16. we are not

17. it has 18. it is 19. they are 20. we have not

Lösung zu Übung 5.3

1. you've 2. he can 3. she isn't 4. we've 5. we can't 6. it hasn't 7. they aren't 8. he can't

9. you haven't 10. she hasn't 11. you are 12. they haven't 13. she can 14. he hasn't 15. we can 16. he isn't

17. they can't 18. J'm not 19. it's 20. it isn't

Lösungsbeispiele zu Übung 5.4

J	can	sing a song.
She	can	ride a horse.
We	can	swim.

J	can't	drive a car.
He	can't	run 20 miles.

Lösungsbeispiele zu Übung 5.5

Can	you	drive a car ?
Can	they	sing a song ?

Yes,	it	can.
No,	they	can't.